Mario Delpini
Arcivescovo di Milano

Natale porta il tuo nome

Racconti
ai bambini

CENTRO AMBROSIANO

Illustrazioni: Anna Formaggio

Seguici

Via Antonio da Recanate, 1 – 20124 Milano
Tel. 02 671316.1
E-mail: libri@chiesadimilano.it
www.itl-libri.com

ISBN 978-88-6894-585-5

Ogni giorno è una grazia. Viviamo perché il Padre del Signore nostro Gesù Cristo ci ha chiamato alla vita.
Ogni giorno è un'occasione. Siamo liberi di decidere il bene da compiere e il tempo da dedicare alla gioia degli altri.
Ogni giorno è una vocazione. Lo Spirito di Gesù ci incoraggia a rispondere a Gesù che ci chiama per vivere come lui.
Ogni giorno!
Però, nel tempo che prepara al Natale, la liturgia e la tradizione invitano a vivere in modo particolare alcuni giorni che si chiamano i giorni dell'ospitalità ("ferie prenatalizie dell'Accolto") e la tradizione celebra la Novena di Natale.
Ho pensato a voi, ragazzi e ragazze, ai genitori e ai nonni che conosco e mi sono detto: potrei accompagnarli con alcuni racconti, fatti di storie dai volti familiari, perché vivano questi giorni come un tempo per pregare, per accogliere, per imparare a praticare alcune virtù.
Invito le famiglie, le comunità e ogni ragazzo e ragazza a dare ai giorni della settimana nomi più originali, fatti di storia e di bontà, di fiducia e di preghiera.

✠ Mario Delpini
Arcivescovo

La magia del nonno Saturnino detto Nino

Era nato negli Stati Uniti, perché la famiglia era emigrata in cerca di lavoro. Era nato di sabato: forse per questo si chiamava con questo nome bizzarro, perché in inglese “sabato” si dice “Saturday”.

Non tutti, però, si chiedevano la ragione del suo nome perché, per tutti, era nonno Nino.

Per i suoi nipotini, nonno Nino era un mago: era capace di aggiustare tutto, di risolvere ogni problema. Le vecchie sveglie della nonna riprendevano il loro tic-tac dopo che si erano incantate mentre la nonna diceva: «È ora di comprare una sveglia nuova!»; il rubinetto smetteva di gocciolare quando il nonno ci metteva mano; e poi, le gomme bucate delle bici, le serrature della cantina, i vetri della porta, la canna del camino... non c’era cosa che nonno Nino non sapesse aggiustare.

I più piccoli erano convinti che avesse delle mani magiche e i più grandicelli erano sempre a dargli lavoro perché, si sa, succedeva spesso che combinassero qualche guaio.

Nonno Nino capì di essere diventato vecchio quando **l'elettronica invase la casa e tutto divenne misterioso** per lui: come funzionavano i nuovi orologi che contenevano le previsioni del tempo e sapevano calcolare i battiti del cuore? Come si faceva ad aprire una porta con una chiave elettronica? E se mancava la corrente? Perché guardare il cellulare per controllare l'agenda? Come si guardava la televisione senza il televisore?

Insomma, nonno Nino non sapeva più come orientarsi, sembrava che tutto quello che sapeva fare non servisse più a niente. **Le sue mani magiche risultavano maldestre, ora che bastava soltanto premere dei tasti**. Premendo tasti si poteva fare tutto: leggere il giornale, telefonare, giocare a solitario, sapere il prezzo di una vecchia 1100... tutto! Il fatto è che nonno Nino si perdeva e si imbrogliava, mentre cerava di imparare quali tasti premere. I nipoti un po' cercavano di aiutarlo e di spiegargli come fare, un po' lo prendevano in giro e ridevano dei suoi errori («Ma nonno, hai cancellato

tutto!»), un po' perdevano la pazienza («Dài, nonno, sei proprio imbranato!»). Talvolta, nonno Nino si lasciava andare a considerazioni amare: «Ho sempre avuto molto da insegnare a tutti, e adesso? Ecco qui, un bambino di prima elementare ne sa più di me!».

Anche le sue storie e i ricordi di quando era un ragazzo e celebrava il *Thanksgiving day* e l'*Independence day* a Philadelphia non interessavano più a nessuno: i nipotini, catturati dalla magia di Internet, conoscevano gli Stati Uniti meglio di lui che c'era nato.

La nonna non lo incoraggiava granché: «Che vuoi farci, Nino, siamo vecchi ormai!».

Finché si presentò l'occasione del presepe.

Per alcuni pomeriggi i nipoti furono convocati per costruire "il presepe di famiglia" e furono momenti di festa, non solo perché la nonna preparava i suoi famosi biscotti, ma soprattutto perché nonno Nino metteva a frutto tutte le proprie competenze e le accompagnava con infiniti racconti. Di ogni statuina narrava il paese di provenienza, la storia e le traversie del personaggio, recitava qualche proverbio sapiente riferito alla lavandaia, al boscaiolo, al pastore e al palazzo di Erode sullo sfondo!

Per ogni problema tecnico, nonno Nino trovava una soluzione: spiegava come collegare i fili, come funzionava il motorino che faceva scorrere l'acqua e metteva alla prova l'abilità manuale dei nipoti più grandi, abituati a premere tasti più che a costruire ponticelli e casette di gesso.

Insomma, in quei giorni nonno Saturnino, detto Nino, si rese conto che la vera magia che incanta grandi e piccini non sono le competenze tecniche e l'abilità manuale, ma l'affetto che sa fare dell'esperienza un dono e dello stupore dei semplici una via di sapienza.

Quando il "presepe di famiglia" fu terminato si radunarono tutti e prima di stappare lo spumante pregarono insieme:

Gesù, Figlio di Maria e Figlio di Dio, della casa di Davide,
discendente di una storia di santi e di peccatori,
ti rendiamo grazie perché ci hai radunato
per cantare la tua gloria di generazione in generazione.
Gesù, nato povero a Betlemme, cresciuto povero a Nàzaret,
dona ai nonni un cuore semplice e lieto: siano grati per la vita vissuta;
dona ai papà e alle mamme la sapienza che genera pace:
siano saggi nelle scelte e fiduciosi in ogni cosa;
dona ai figli e alle figlie l'essere grati di ogni dono ricevuto
da bisnonni, nonni e genitori
perché tutto porti frutto per il compimento della vocazione di ciascuno.

Domenica, sei nata per i giorni feriali?

Si chiamava Domenica, ma sembrava che fosse nata per i giorni feriali: fatta per essere indaffarata.

Vivere di corsa, vivere incalzata dall'agenda, vivere con il cellulare invaso da squilli promemoria, vivere con l'ossessione di essere presente e di non perdere occasioni.

Domenica, già quando si svegliava, aveva l'impressione di essere in ritardo. Non aveva tempo per una preghiera, non aveva tempo per aspettare che il latte si scaldasse, che il toast diventasse croccante e dorato. Non aveva tempo, e basta! Doveva arrivare prima a scuola perché aveva una cosa importante da dire a quella lunatica di Luna che si dimenticava sempre tutto e poi doveva salutare Curio, dell'altra sezione.

Frequentava tutte le lezioni e non perdeva neppure quelle opzionali. Perché non approfittare per imparare a suonare il flauto? E l'inglese era meglio saperlo bene.

Il pomeriggio era il momento più importante: per fortuna, il nonno si prestava come autista, anche se tra sbuffi e sorrisi per la frenesia di Domenica. Presto, presto, in palestra: c'è lezione di danza. Presto, presto, in oratorio: c'è catechismo. Presto, presto, a casa di Elena: c'è una ricerca da preparare per domani. Presto, presto, in pasticceria: devo comprare le paste per la festa di compleanno. Presto, presto, a casa di Jacopo: è il suo compleanno. Presto, presto, a casa per l'ora in cui rientra papà: non sopporta ritardi. Presto, presto, in camera: devo rispondere a decine di messaggi e sentire come sta la mia amica spagnola.

**Questi erano i ritmi di Domenica, dal lunedì al sabato.
La domenica diventava un po' noiosa:
non c'era niente da fare...**

Anche Domenica aveva sentito il rimprovero di Gesù per Marta, la sorella di Maria: *Marta, Marta, tu ti affanni per molte cose...* Ma intanto lei non si chiamava Marta e, poi, non viveva a Betània ai tempi di Gesù. Non era più come una volta...
Forse sarà stato il nonno con la sua pazienza e saggezza, forse il fratellino con il suo viso incantevole, forse il disprezzo per tutta quella gente che faceva code infinite per comprare regali inutili per Natale o, forse, una grazia speciale di Gesù... Fatto sta

che, **la domenica prima di Natale, Domenica si trovò ad ammirare il presepe** della chiesa ormai quasi terminato. Tutto era avvolto dalla dolcezza commovente delle melodie natalizie... Il presepe era abitato da personaggi, immobili, rivolti in attesa verso la grotta ancora vuota.

Domenica, sempre di fretta, ebbe l'intuizione che per prepararsi al Natale fosse necessario stare un po' fermi, non essere sempre indaffarati come lei era abituata.

Che sciocca che sono, mi chiamo Domenica e il giorno che vivo peggio è proprio la domenica!

Cominciò così a praticare l'arte di stare ferma, di tenere lo sguardo fisso su un punto: la culla ancora vuota, in attesa, la grande croce sempre immobile in alto sull'altare, il volto dolce e amabile di Maria...

Mentre praticava l'arte di stare ferma come una statua, Domenica imparò a pregare:

Vieni, Signore Gesù,
perché senza di te il mondo rimane vuoto e buio.
Vieni! Io ti aspetto.
Parlami, Signore Gesù,
perché senza la tua parola la vita rimane un enigma incomprensibile.
Vieni! Io ti ascolto.
Aiutami, Signore Gesù,
perché io non posso fare niente.
Vieni! Io ti prego.
Perdonami, Signore Gesù,
perché la tua misericordia perdoni le mie mancanze
e guarisca le mie ferite.
Vieni! Io ti chiedo perdono.
Dammi gioia, Signore Gesù,
perché senza la tua gioia il mondo rimane triste e infelice.
Vieni! Io desidero la tua gioia, la gioia piena.

Luna, nata di lunedì, trasformata per Natale

Luna aveva quattordici anni, ma sembrava più grande. **Era una ragazza incantevole e a tratti insopportabile.** Un giorno abbracciava tutti come avesse una riserva inesauribile di tenerezza. Un altro, era sgarbata e aggressiva; non le si poteva chiedere mai: «Che cos'hai oggi?». O si metteva a piangere o faceva piangere chi le aveva fatto la domanda e anche il gatto. Era, come si dice, lunatica! Non ho mai capito se avesse i capelli castani o biondi, ma mi sono guardato bene dal chiederlo. Se prendeva nove nella verifica di inglese, quasi lo nascondeva. Quando prendeva cinque, gridava a tutti dell'ingiustizia e a casa si chiudeva in camera sua. Vai a sapere cosa avrebbe fatto... Pianto? Oppure mandato messaggi di insulti a mezzo mondo?
Il presepe l'aveva sempre fatto volentieri, ma era difficile sapere quando lo avrebbe iniziato: un giorno non aveva voglia, l'altro non aveva tempo; un giorno era troppo presto, un altro troppo tardi... «Quest'anno niente presepe», aveva concluso l'anno scorso.

La mamma e il papà non si erano tanto preoccupati per il presepe, quanto perché cominciavano a pensare che Luna rischiasse di non combinare niente, non solo in casa o a scuola, ma anche con le amiche. Così instabile e capricciosa, così imprevedibile: chi l'avrebbe sopportata? *Con questi quarti di luna, la vita non sarà facile per te, figlia mia...*

Qualche volta, papà e mamma si erano pentiti di averla chiamata "Luna". Ricordavano le lunghe discussioni e dicevano: «Forse sarebbe stato meglio chiamarla "Irene", come diceva una cugina... Significa "pace", chissà, magari avrebbe portato bene...».

I fratelli più piccoli, per sopravvivere, avevano imparato a non badarci. Ci scherzavano e riuscivano a farla arrabbiare anche di più. «Luna ha la luna storta: meglio così, la televisione è tutta per noi!»

Con tutto questo, come spiegare il miracolo successo quest'anno?

Tutti sono rimasti stupiti, perché Luna s'è improvvisamente messa di impegno. Studia, si presta per ogni servizio necessario e ha programmato con precisione anche il presepe. **«Mi chiamo Luna e perciò farò il presepe di lunedì.»**

Ci ha lavorato giorni e giorni, spremendo dalla testa ogni fantasia e ogni genialità, per fare il presepe più bello di sempre. E ne è venuto fuori un capolavoro.
Come mai? La spiegazione è semplice. Il fatto è che da qualche settimana, a casa di Luna, è ospitata una mamma dell'Ucraina con suo figlio, un biondino che non conosce una parola di italiano, ma che assomiglia tanto a un fratello minore. Il biondino ucraino non parla molto, ma sorride sempre: non si può neanche immaginare come possa sorridere, visto che sono scappati da un Paese in guerra. E il biondino ucraino non solo sorride, ma cerca di rendersi utile in casa, per quanto la mamma, il papà, Luna e i fratellini lo circondino di ogni premura.

Luna deve aver pensato come è stato difficile per il biondino ucraino trovarsi in un Paese di diversa lingua e cultura.
Gli insegnerò l'italiano facendo il presepe, si è detta: gli racconterò la storia di Natale e presterò la mia voce alle statuine; farò il miglior presepe della mia vita. Per questo ne è venuto un capolavoro. Credo che Luna e il biondino ucraino, quest'anno, vinceranno anche il concorso presepi!

Adesso, Luna non è più tanto lunatica: ha trasformato i suoi infiniti interessi e la sua fantasia in una creatività che dà ottimi frutti.

Il segreto della trasformazione è tutto qui: prendersi a cuore qualcuno, quel biondino ucraino che non si può servire per un giorno e abbandonare il giorno dopo. A servizio di chi sono impegnate le tue qualità e corretti i tuoi difetti?

Luna ha imparato a pregare, a rivolgersi a Gesù con una preghiera del lunedì:

Gesù, amico e Signore, vieni a casa mia di lunedì:
tu ti sei fatto uomo per salvarci, anche di lunedì.
Aiutami a vincere la malavoglia, il malumore,
insegnami a sorridere sempre
anche quando non capisco,
insegnami ad aver sempre fiducia
anche quando mi trovo tra gente antipatica.
Fa' che io veda come impegnare i doni che ho ricevuto
per aiutare quanti hanno bisogno di gioia e di amicizia.
Vieni, Gesù, vieni di lunedì.

Marzio, prepotente non si sa perché, diventa un buon amico e sa perché

Non so se l'avessero chiamato Marzio perché era nato di martedì oppure perché la nonna abitava in via Anco Marzio. Certo il papà e la mamma non ne sapevano niente del tremendo Marte, mitologico dio della guerra. Non che papà e mamma fossero gente pacifica, anzi, le discussioni in casa erano sempre piuttosto aspre. Papà era fissato con le arti marziali. La mamma era un po' distratta, sembrava una marziana che aveva sbagliato indirizzo.

Il piccolo Marzio era cresciuto in quella confusione.

Tra i suoi compagni **era il più alto, il più grosso, il più forte.**

Si era reso conto presto che, come suo padre gli aveva detto più volte, «prima cosa: farsi rispettare, con le buone o con le cattive». Diciamo che Marzio si era specializzato con le cattive. Era un bullo. Non solo si faceva rispettare, faceva anche paura. Pretendeva. Aveva addirittura un certo strano gusto per far piangere i più piccoli, minacciandoli: «Adesso ti do un pugno, ma se lo dici a qualcuno te ne do dieci! Attento...».

I professori avevano notato le prepotenze di Marzio e della piccola banda di monelli che gli stava sempre intorno, ma non davano loro tanta importanza. *Ragazzate... Soliti bisticci di classe. Nessuno si lamenta, del resto...*

Giacomo, in classe, quasi non si notava. Non lo si notava neppure in cortile: aveva gli occhiali spessi e non poteva fare granché. Era intelligente, si diceva addirittura che scrivesse poesie! Da non crederci: poesie, in prima media?! Giacomo non si notava.

Però lui, a quanto pare, osservava tutto. Certo soffriva di non essere notato, né dalle ragazze né dai compagni.

Non si sapeva dove avesse trovato il coraggio ma un giorno, mentre tornava da scuola, si affiancò a Marzio e gli fece un discorso tremendo.

«Non so perché, caro Marzio, tu non voglia farti amare da nessuno. Hai forse l'impressione di essere sbagliato? A dire la verità, anch'io mi sento un po' sbagliato, ma mi piace avere degli amici. Se tu non fossi così scemo, **vorrei essere tuo**

amico. Tu non hai amici veri: quelli che stanno con te lo fanno per interesse o per paura. Gli altri stanno alla larga il più possibile.»

Marzio restò interdetto. Sì, era figlio di una marziana e di un esperto di arti marziali, ma di certo non era stupido.

Naturalmente fu di martedì che Marzio si presentò a casa di Giacomo: «Mi hai detto che vuoi fare il presepe. Con i tuoi occhi rovinati non puoi occuparti di fili elettrici e di impianti per far correre l'acqua nel torrente del presepe. Tu pensa alle poesie. Io penserò all'impianto».

Divennero amici.
E persino Marzio divenne amabile, anche se cambiò scuola.

Quanti miracoli avvengono intorno al presepe!

Preghiera di Giacomo per il giorno di Marzio, il martedì:

Gesù, mio Signore, mio amico e maestro,
donami amici che mi rendano più buono e più saggio,
insegnami parole buone per rendere buoni gli altri.
Aiutami a non aver paura di chi sembra forte e cattivo,
liberami dal sospetto di non valere niente
e di non meritare di essere amato,
perché tu ti sei fatto uomo per dire a ogni uomo e donna
l'infinito amore del Padre.
Vieni, Signore, anche nei giorni tristi e portami la tua gioia.
Vieni, Signore, vieni anche di martedì!

Curio, l'irrequieto che forse sarà un angelo a Natale

Sì, sono d'accordo, Curio non è un gran nome. Ma è sempre meglio di Mercurio. Sua mamma l'aveva chiamato così e non sapeva neanche lei perché. Era stata fan di Freddy Mercury, forse questo può spiegare la cosa. Curio non era stato battezzato e così nessun prete aveva potuto dire una parola sul nome. Curio, il papà, non l'aveva mai visto: chi sa dov'era...
Era cresciuto irrequieto. In classe dava fastidio: faceva qualsiasi cosa gli venisse in mente, senza pensarci. Dire una cosa al compagno del primo banco nel bel mezzo di una spiegazione, prendere una matita alla bambina coi capelli rossi, parlare ad alta voce mentre l'insegnante spiegava la storia dei dinosauri o mostrava un video sul deserto e i suoi abitanti.

Insomma, era insopportabile, senza regole e senza controllo.

La mamma faceva quello che poteva, ma lavorava tanto, era sempre stanca e non sopportava più le lamentele dei compagni di classe e dei loro genitori.
Per fortuna c'era Clara.

Clara era l'insegnante di sostegno che accompagnava Curio durante alcune ore di scuola: gli raccontava storie, lo teneva occupato e tranquillo con una specie di magia che conosceva solo lei.
«Curio, ti chiami Mercurio! Era il nome di una divinità fantastica, il dio dei mercanti e dei ladri, il dio dei messaggeri e degli inganni, il dio che non sta mai fermo e che non si sa mai dov'è. Un nome adatto, non c'è che dire!»
Clara sapeva come tranquillizzarlo: raccontava una storia che non era solo da ascoltare, ma "da fare". Perciò la favola di Pollicino diventava un'esplorazione del parco, come fosse una foresta oscura. La storia di Hänsel e Gretel diventava una spedizione alla ricerca della casa di pane e cioccolata, che era poi la pasticceria di fronte alla scuola.
Mentre creava la storia, **Curio era tutto entusiasta e concentrato**. Poi, però, tornava insopportabile come sempre.
Fu di mercoledì, in onore di Mercurio-Curio, che Clara cominciò a raccontare la vera storia di Gesù: era, infatti, tempo di preparare il presepe. E raccontava di Maria e di Giuseppe,

dell'albergo che non c'era e della notte popolata di angeli... e intanto Curio disponeva le statuine e guardava incantato le stelle luccicare. L'impresa durò alcuni giorni e il presepe si riempì di storie.

Solo alla fine Curio chiese a Clara se potesse anche lui incontrare Gesù.

«Certo! Gesù ti aspetta. Insieme ai tuoi compagni, puoi prepararti alla cresima.» E lì si venne a sapere che Curio non era battezzato. Ma Clara era anche catechista e così iniziarono il cammino. Strano a dirsi, catechismo era proprio di mercoledì.

Curio e Clara scrissero insieme la preghiera per diventare cristiani:

Gesù, Figlio di Dio, che sei nato povero, anch'io sono povero:
donami la vera ricchezza che è di essere tuo figlio.
Gesù, che sei nato in un giorno qualsiasi,
donami di trasformare qualsiasi giorno nell'occasione per incontrarti.
Gesù, che sei nato senza disturbare nessuno,
fammi diventare una presenza che porta la pace.
Gesù, che hai mandato i tuoi angeli per insegnarmi la via che porta a te,
trasformami in un angelo che annuncia a tutti la gioia.
Gesù, Figlio di Dio che ci riveli il Padre,
dona anche a me la presenza forte e buona di un papà.

Gioviniano, datti una mossa!

Non è tonto, ma non si impegna. Perciò i risultati sono scarsi. Non è cattivo, ma non si impegna. Perciò spesso è solo. Non è brutto, ma non si impegna. Perciò, a furia di patatine, pizza e porcherie ha qualche chilo in più. Non gli manca l'interesse per lo sport, ma non si impegna. Perciò sa tutto di tutte le squadre, ma il suo sport è fatto di divano e televisione. Non è disobbediente, ma non si impegna. Perciò rimanda tutto e, piuttosto che aspettare che si scomodi lui, la mamma dice: «Faccio prima se lo faccio io!».
Gioviniano è una specie di Giove pacifico, con il suo faccione tranquillo, il passo lento, l'abituale tirarsi indietro: «Non posso. Non ho voglia». **Non si arrabbia e non si appassiona**. Non ha mai fretta e ha sempre fame. Facendo il minimo, gli sembra di fare troppo.
Non può essere bocciato, ma non dovrebbe essere promosso. In classe non disturba: troppa fatica. Se c'è un testo da scrivere di almeno tremila battute, arriva a scriverne duemilanovecentoventi: «Non so più che cosa scrivere, prof!», mentre la media della classe arriva oltre le quattromila.

Nonostante non avesse tanta voglia, un giorno si era lasciato convincere a partecipare alla gita sulla neve: avevano insistito mamma, papà, nonna, il don, gli amici e soprattutto la biondina della IB. Forse anche il gatto che, per fortuna, non poteva parlare! Gioviniano sapeva tutto dei campionati di sci, ma non era entusiasta di sciare, anche se per risalire c'era lo skilift e per scendere bastava lasciarsi andare.

Successe, però, che la biondina di IB cadde, proprio vicino a Gioviniano, e si fece male alla caviglia. «Una brutta distorsione!»; «E solo una botta!»; «C'è qualche cosa di rotto?». Tutti ne discutevano come se parlassero delle previsioni del tempo, mentre la povera ragazza piangeva dolorante. Gioviniano cominciò a pensare che forse era colpa sua, che forse si erano urtati senza accorgersene, che forse si era distratta per guardare lui e non aveva visto il sobbalzo. Insomma non riusciva a stare tranquillo.

Quando tornò dal pronto soccorso con il gambone steccato e una prognosi di venti giorni, **Gioviniano, pacifico com'era, cominciò a darsi da fare.** Era lui che le portava compiti e informazioni sulla scuola, era lui che si fermava per passare un po' di tempo ed evitarle la noia, era lui che aveva addirittura imparato la matematica per darle spiegazioni.

Era lui che, avvicinandosi il Natale si era offerto di fare il presepe insieme

e di aggiornarla sul calendario di Avvento che si doveva completare come don Andrea aveva detto. Naturalmente era ancora lui che si fermava volentieri a far merenda per apprezzare le magnifiche torte della mamma della biondina, bionda pure lei.

Una sera, dopo tanto darsi da fare, contento come non mai, Gioviniano aveva scritto una preghiera:

> Gesù, ti prego, fa' che la Betty guarisca presto e bene.
> Non troppo presto, però: così fino a Natale potrò aiutarla in tutto.
> Gesù, ti prego, aiutami a vincere la tentazione di pensare solo a me stesso,
> di restare imprigionato nelle mie pigrizie e nelle mie comodità.
> Tu, per amor nostro, ti sei scomodato
> fino ad affrontare fatiche e sofferenze,
> insegna a me e a tutti che c'è più gioia nel dare che nel ricevere
> e si raggiunge la gioia solo quando ci si prende cura della gioia degli altri.
> Gesù, tu ci hai fatto dono della vita di Dio:
> insegnami a fare della mia vita un dono per la vita buona degli altri.

Che dire di *Venere*?

... e fea quell'isole feconde col suo primo sorriso

(Ugo Foscolo)

Per quanto le altre ragazze facessero fatica a nascondere l'invidia, c'era poco da discutere. Elena era la più bella della classe. Si sa: con gli anni le persone, soprattutto a quell'età, cambiano in fretta. Ma questo è un ragionamento da vecchi. **Elena era la più bella e nessuno pensava a come sarebbe cambiata.**

Ma non era solo la più bella. Era anche la più vanitosa. Passava tempi infiniti allo specchio per sistemare i capelli, valutare le combinazioni di colore di vestiti, unghie e scarpe. Amava farsi notare per l'acconciatura. Stupiva per la qualità dei profumi. Faceva colpo per la raffinatezza del trucco. Ma soprattutto le piaceva cogliere lo sguardo ammirato dei ragazzi in palestra, quando in pantaloncini e maglietta disputava memorabili partite di pallavolo.

Non era solo la più bella e la più vanitosa, era anche la migliore in campo nelle sfide tra scuole. La incaricavano volentieri di portare la bandiera. Faceva un figurone! Ma non era solo la più bella, la più vanitosa, la campionessa di pallavolo. Era anche – a quanto dicevano – la più intelligente della classe:

l'inglese lo parlava come lingua madre, i problemi di matematica li risolveva come un gioco e la sua memoria le consentiva di imparare molto anche se studiava poco, visto che era sempre impegnata a curarsi le unghie e a sfogliare riviste per paragonarsi alle modelle.

Il colore nero della pelle, invece di essere un problema, era per lei un motivo in più per farsi ammirare.

Come tutte le ragazze vanitose, non era certo abituata a curarsi degli altri e delle altre, se non per riconoscere se si trattasse di una persona che l'ammirava o l'invidiava. Forse persino la sua educatrice dell'oratorio la invidiava un po'.

Ma fu proprio lei a convincere Elena.

«Ci sono **le bambine più piccole:** si perdono nella grande massa dell'oratorio. Ci vorrebbe qualcuno che si curi di loro. Si dovrebbero inventare giochi adatti alla loro età. **Servirebbe qualcuno che possa stare con loro un po' di tempo...**» La predica non finiva mai.

Elena, però, ascoltava, maturava. All'inizio dell'estate, Elena era pronta. Fu un'estate indimenticabile. Elena si dimenticò le scarpe e i loro colori: giocava nella polvere per tutto il pomeriggio; non aveva tempo per incantarsi davanti allo specchio: l'aspettavano le bambine fin dalle 8.30 di mattina. Non aveva tempo di indovinare i commenti dei ragazzi: era spettinata e sudata e faceva un tifo da scalmanata nelle sfide.

Quando settembre segnò il rientro a scuola, **Elena era ancora una bellissima ragazza, una campionessa e una mente sveglia, ma era cambiata. Era più semplice, più contenta**. Sì, aveva un certo gusto nel vestire e nel pettinarsi, ma si trattava di una naturale cura di sé, piuttosto che di vanità per attirare l'attenzione. Era una ragazza che sorrideva e che sapeva coltivare quelle amicizie che rendono migliori.

Ma "le sue bambine" non l'avevano dimenticata. La salutavano con entusiasmo a ogni incontro. Le dicevano: «Ti ricordi i giochi dell'acqua?»; «Quando facciamo un torneo?»; «Come sei brava, Elena!». Tutte cose che la rendevano più contenta dei suoi successi scolastici.

Per festeggiare il Natale propose alle bambine un'idea: **«Che ne dite se facciamo un presepe originale?»**.

«Sììì!»

«Un presepe speciale...»

«Sììì!»

«Per esempio, un presepe itinerante...»

«Che significa?»

Il venerdì prima di Natale si videro per le vie del paese gruppetti di bambine con borse e sacchetti e la bella Elena, nera e infreddolita, che le guidava per il presepe itinerante. Invece di invitare la gente ad andare verso la capanna dove era nato Gesù, come facevano gli angeli, le bambine di Elena andavano dalle nonnine della comunità e portavano una piccola statua di Gesù con un pacchetto di biscotti (i biscotti, però, li avevano fatti le mamme!).

Fu un Natale indimenticabile. Prima della loro spedizione, le bambine dicevano insieme una preghiera:

> Grazie, Gesù, perché sei venuto sulla nostra terra
> ed entri nelle nostre case:
> aiutaci a portare a tutti la gioia della tua presenza,
> la dolcezza dei tuoi doni.
> Grazie, Gesù, perché ci hai dato l'amicizia
> che ci raduna così diverse e così contente!
> Grazie, Gesù, perché ci chiami a trovare gioia nel dare gioia,
> a costruire un mondo d'amore cominciando ad amare,
> come tu ci hai amato.

Natale è anche questo:
trovare il proprio posto nel mondo,
la propria vocazione.

Finito di stampare nel mese di ottobre 2022
presso Boniardi Grafiche – Milano

ISBN 978-88-6894-585-5
€ 1,90
9 788868 945855